Dinge die mich
traurig machen

Created by Martin Genz

Copyright © 2017 Martin Genz

All rights reserved.

ISBN: **1979002398**
ISBN-13: **978-1979002394**

Dinge die mich
traurig machen

Impressum:
Martin Genz
c/o
Papyrus Autoren-Club,
R.O.M. Logicware GmbH
Pettenkoferstr. 16-18
10247 Berlin

Dinge die mich traurig machen

Dinge die mich traurig machen

Dinge die mich traurig machen

Dinge die mich traurig machen

Dinge die mich traurig machen

Dinge die mich traurig machen

12

Dinge die mich traurig machen

Dinge die mich traurig machen

Dinge die mich traurig machen

Dinge die mich traurig machen

16

Dinge die mich traurig machen

17

Dinge die mich traurig machen

18

Dinge die mich traurig machen

Dinge die mich traurig machen

20

Dinge die mich traurig machen

Dinge die mich traurig machen

22

23

Dinge die mich traurig machen

Dinge die mich traurig machen

Dinge die mich traurig machen

25

Dinge die mich traurig machen

26

Dinge die mich traurig machen

Dinge die mich traurig machen

Dinge die mich traurig machen

29

Dinge die mich traurig machen

31

Dinge die mich traurig machen

Dinge die mich traurig machen

33

Dinge die mich traurig machen

34

Dinge die mich traurig machen

35

Dinge die mich traurig machen

37

Dinge die mich traurig machen

Dinge die mich traurig machen

39

Dinge die mich traurig machen

Dinge die mich traurig machen

Dinge die mich traurig machen

43

Dinge die mich traurig machen

Dinge die mich traurig machen

45

Dinge die mich traurig machen

Dinge die mich traurig machen

Dinge die mich traurig machen

Dinge die mich traurig machen

49

Dinge die mich traurig machen

50

Dinge die mich traurig machen

52

Dinge die mich traurig machen

53

Dinge die mich traurig machen

54

Dinge die mich traurig machen

55

Dinge die mich traurig machen

56

Dinge die mich traurig machen

Dinge die mich traurig machen

Dinge die mich traurig machen

Dinge die mich traurig machen

61

Dinge die mich traurig machen

Dinge die mich traurig machen

63

Dinge die mich traurig machen

64

65

Dinge die mich traurig machen

Dinge die mich traurig machen

Dinge die mich traurig machen

68

Dinge die mich traurig machen

Dinge die mich traurig machen

Dinge die mich traurig machen

Dinge die mich traurig machen

73

Dinge die mich traurig machen

74

Dinge die mich traurig machen

75

76

Dinge die mich traurig machen

Dinge die mich traurig machen

78

79

Dinge die mich traurig machen

80

81

Dinge die mich traurig machen

82

Dinge die mich traurig machen

Dinge die mich traurig machen

85

86

Dinge die mich traurig machen

Dinge die mich traurig machen

88

Dinge die mich traurig machen

90

Dinge die mich traurig machen

92

Dinge die mich traurig machen

Dinge die mich traurig machen

94

Dinge die mich traurig machen

96

Dinge die mich traurig machen

Dinge die mich traurig machen

Dinge die mich traurig machen

Dinge die mich traurig machen

Dinge die mich traurig machen

Dinge die mich traurig machen

www.ingramcontent.com/pod-product-compliance
Lightning Source LLC
Chambersburg PA
CBHW070833260726
48660CB00005B/2035